CW00499902

TUTORIAL F
FOOD PER LE FESTE

50 RICETTE ENTUSIASMANTI IN MENO DI 30 MINUTI

J.LUIZ

Tutti i diritti riservati.

Disclaimer

Le informazioni contenute in i intendono servire come una raccolta completa di strategie sulle quali l'autore di questo eBook ha svolto delle ricerche. Riassunti, strategie, suggerimenti e trucchi sono solo raccomandazioni dell'autore e la lettura di questo eBook non garantirà che i propri risultati rispecchino esattamente i risultati dell'autore. L'autore dell'eBook ha compiuto ogni ragionevole sforzo per fornire informazioni aggiornate e accurate ai lettori dell'eBook. L'autore e i suoi associati non saranno ritenuti responsabili per eventuali errori o omissioni involontarie che possono essere trovati. Il materiale nell'eBook può includere informazioni di terzi. I materiali di terze parti comprendono le opinioni espresse dai rispettivi proprietari. In quanto tale, l'autore dell'eBook non si assume alcuna responsabilità per materiale o opinioni di terzi.

L'eBook è copyright © 2021 con tutti i diritti riservati. È illegale ridistribuire, copiare o creare lavori derivati da questo eBook in tutto o in parte. Nessuna parte di questo rapporto può essere riprodotta o ritrasmessa in qualsiasi forma riprodotta o ritrasmessa in qualsiasi forma senza l'autorizzazione scritta espressa e firmata dell'autore.

SOMMARIO

INTRODUZIONE

Chi non ama il finger food delle feste? Non sono solo deliziosi; sono essenziali per far sorridere i tuoi ospiti.

Cosa sono i finger food?

I finger food sono idealmente piccoli, bocconcini che devono essere mangiati direttamente con le mani, senza bisogno di utensili! Invece di forchetta e coltelli, le persone spesso serviranno questi mini antipasti con spiedini o stuzzicadenti per mangiare facilmente!

Se ti bastano più di tre bocconi per finirlo, molto probabilmente non è un vero finger food! I cibi da morso sono il miglior tipo di antipasti da servire perché non richiedono tovaglioli e poco o nessun disordine!

I finger food sono in circolazione da un po 'di tempo ormai. Che ci crediate o no, sono diventati popolari intorno all'era del proibizionismo, quando avevano bar speakeasy. I cocktail sarebbero serviti illegalmente e accompagnerebbero quelle bevande illegali con piccoli cibi facili da servire e mangiare per mantenere le persone felici e anche per farle bere!

I finger food fantasia sono perfetti per cocktail party ed eventi speciali o vacanze come matrimoni o capodanno! Sono sicuri di stupire e perfetti per gli adulti!

Allora cominciamo!

MINI-BITES

1. Morsi di burrito

Ingrediente

- 1 lattina di pomodori a cubetti
- 1 tazza di riso istantaneo
- ⅓ tazza di acqua
- 1 Pepe verde a dadini
- 2 Cipolle verdi, affettate
- 2 tazze di formaggio cheddar grattugiato, diviso
- 1 lattina di fagioli fritti stile ranch (16 oz)
- 10 Tortillas di farina (6-7 ")

- 1 tazza di salsa

a) Preriscaldare il forno a 350'F. Spruzzare una teglia da forno 9x12 "con PAM; mettere da parte.

b) In una casseruola media, unire RO * TEL, riso e acqua; scaldare a ebollizione.

c) Ridurre la fiamma, coprire e cuocere a fuoco lento 1 minuto. Togliete dal fuoco e lasciate riposare 5 minuti o finché tutto il liquido non sarà assorbito. Mescolare pepe, cipolle e 1 tazza di formaggio.

d) Distribuire circa 3 cucchiai di fagioli su ciascuna tortilla entro $\frac{1}{8}$ "dal bordo. Disporre la miscela di riso sui fagioli; arrotolare. Posizionare il lato della cucitura rivolto verso il basso nella teglia preparata; coprire con un foglio.

e) Cuocere in forno preriscaldato per 25 minuti o finché non è caldo. Tagliare le tortillas in 4 pezzi e disporle su un vassoio. Completare con salsa e formaggio. Completare con salsa e formaggio. Rimettere in forno e cuocere 5 minuti o finché il formaggio non si scioglie.

2. Bocconcini di pollo alle noci

Ingrediente

- 1 tazza di brodo di pollo
- ½ tazza di burro
- 1 tazza di farina
- 1 cucchiaio di prezzemolo
- 2 cucchiaini di sale condito
- 2 cucchiaini di salsa Worcestershire

- 34 cucchiaini di semi di sedano
- $\frac{1}{2}$ cucchiaino di paprika
- $\frac{1}{8}$ cucchiaino di Cayenne
- 4 grandi Uova
- 2 Petti di pollo, in camicia, con la pelle
- $\frac{1}{4}$ di tazza di mandorle tostate

a) Preriscalda il forno a 400 gradi. In una padella pesante, unire il brodo e il burro e portare a ebollizione. Aggiungere la farina e il condimento.

b) Cuocere, sbattendo rapidamente, fino a quando il composto non lascia i lati della padella e forma una palla liscia e compatta. Togliere dal fuoco. Aggiungere le uova una alla volta, sbattendo bene fino a ottenere un composto lucido. Mescolare il pollo e le mandorle.

c) Goccia a cucchiaini arrotondati su teglie unte. Infornate per 15 minuti. Congelare dopo la cottura.

3. **Bastoncini di pollo Buffalo**

- 2 tazze di farina di mandorle
- 1 cucchiaino di sale
- 1 cucchiaino di pepe nero
- 1 cucchiaino di prezzemolo essiccato
- 2 uova grandi
- 2 cucchiai di latte di cocco intero in scatola
- 2 libbre di offerte di pollo
- $1^1/_2$ tazze di salsa Frank's RedHot Buffalo

1 Preriscalda il forno a 350 ° F.

2 Unisci la farina di mandorle, il sale, il pepe e il prezzemolo in una ciotola media e metti da parte.

3 Sbatti le uova e il latte di cocco in una ciotola media separata.

4Immergi ogni tenero di pollo nella miscela di uova e poi ricopri completamente con la miscela di farina di mandorle. Disporre le offerte rivestite in un unico strato su una teglia.

5Cuocere 30 minuti, girando una volta durante la cottura. Sfornare e lasciare raffreddare 5 minuti.

6Mettere le offerte di pollo in una grande ciotola e aggiungere la salsa di bufala. Gira per ricoprire completamente.

4. **Muffin di polpettone**

- 1 libbra di carne macinata
- 1 tazza di spinaci tritati
- 1 uovo grande, leggermente sbattuto
- 1/ 2 tazza di mozzarella grattugiata
- 1/ 4 tazza di parmigiano grattugiato
- 1/ 4 tazza di cipolla gialla tritata
- 2 cucchiai di peperoncino jalapeño seminato e tritato

1Preriscalda il forno a 350 ° F. Ungere leggermente ogni pozzetto di uno stampo per muffin.

2 Unisci tutti gli ingredienti in una ciotola grande e usa le mani per mescolare.

3Versare una porzione uguale di miscela di carne in ogni stampo per muffin e premere leggermente. Cuocere per 45 minuti o finché la temperatura interna non raggiunge i 165 ° F.

5. **Bocconcini di avocado con pancetta**

- 2 avocado grandi, sbucciati e snocciolati
- 8 fette di pancetta senza zuccheri aggiunti
- $^1/_2$ cucchiaino di sale all'aglio

1Preriscalda il forno a 425 ° F. Rivesti una teglia con carta da forno.

2 Taglia ogni avocado in 8 fette uguali, per un totale di 16 fette.

3Taglia a metà ogni pezzo di pancetta. Avvolgere mezza fetta di pancetta attorno a ogni pezzo di avocado. Cospargere di sale all'aglio.

4Mettere l'avocado sulla teglia e cuocere per 15 minuti. Accendi il forno e continua a cuocere per altri 2-3 minuti finché la pancetta non diventa croccante.

6. Morsi di pizza

- 24 fette di peperoni senza zucchero
- 1/ 2 tazza di salsa marinara
- 1/ 2 tazza di mozzarella grattugiata

1 Accendi la griglia del forno.

2 Foderare una teglia con carta da forno e disporre le fette di peperoni in un unico strato.

3Mettere 1 cucchiaino di salsa marinara su ogni fetta di peperoni e stenderla con un cucchiaio. Aggiungere 1 cucchiaino di mozzarella sopra la marinara.

4 Mettere la teglia nel forno e cuocere 3 minuti o fino a quando il formaggio si è sciolto e leggermente dorato.

5 Togliere dalla teglia e trasferire su una teglia rivestita di carta assorbente per assorbire il grasso in eccesso.

7. Bocconcini di pancetta e scalogno

- 1/ 3 tazza di farina di mandorle
- 1 cucchiaio di burro non salato, sciolto
- 1 confezione di formaggio cremoso (8 once), ammorbidito a temperatura ambiente
- 1 cucchiaio di grasso di pancetta
- 1 uovo grande
- 4 fette di pancetta senza zuccheri aggiunti, cotte, raffreddate e sbriciolate a pezzetti
- 1 cipolla verde grande, solo cime, affettata sottilmente

- 1 spicchio d'aglio, tritato
- 1/ 8 cucchiaini di pepe nero

1 Preriscalda il forno a 325 ° F.

2 In una piccola ciotola, unisci la farina di mandorle e il burro.

3Foderare 6 tazze di uno stampo per muffin di dimensioni standard con le fodere per cupcake. Dividere equamente il composto di farina di mandorle tra le tazze e premere delicatamente sul fondo con il dorso di un cucchiaino. Cuocere in forno 10 minuti, quindi rimuovere.

4Mentre la crosta cuoce, unisci accuratamente la crema di formaggio e il grasso di pancetta in una ciotola media con uno sbattitore a mano. Aggiungere l'uovo e frullare fino a quando combinato.

5 Unisci pancetta, cipolla, aglio e pepe nella miscela di formaggio cremoso con una spatola.

6Dividere il composto tra le tazze, rimettere in forno e cuocere per altri 30-35 minuti finché il formaggio non si solidifica. I bordi possono essere leggermente bruniti. Per testare la cottura, inserire uno stuzzicadenti al centro. Se esce pulito, la cheesecake è pronta.

7 Lasciate raffreddare 5 minuti e servite.

8. Bocconcini di pollo avvolti nel bacon

- $^{3}/4$ libbre di petto di pollo disossato e senza pelle, tagliato a cubetti da 1 pollice
- $^{1}/2$ cucchiaino di sale
- $^{1}/2$ cucchiaini di pepe nero
- 5 fette di pancetta senza zuccheri aggiunti

1 Preriscalda il forno a 375 ° F.

2 Condisci il pollo con sale e pepe.

3Taglia ogni fetta di pancetta in 3 pezzi e avvolgi ogni pezzo di pollo in un pezzo di pancetta. Fissalo con uno stuzzicadenti.

4Mettere il pollo avvolto su una griglia e cuocere per 30 minuti, girando a metà cottura. Accendi il forno e cuoci per 3-4 minuti o finché la pancetta non è croccante.

9. Morsi di ostriche e pancetta

Ingrediente

- 8 fette di pancetta
- $\frac{1}{2}$ tazza di ripieno alle erbe aromatiche
- 1 lattina (5 once) di ostriche; tritato
- $\frac{1}{4}$ di tazza di acqua

a) Preriscaldare il forno a 350ø. Tagliare a metà le fette di pancetta e cuocere leggermente. NON CUOCERE TROPPO.

b) La pancetta deve essere abbastanza morbida da rotolare facilmente attorno alle palline. Unisci il ripieno, le ostriche e l'acqua.

c) Rotolare in palline della grandezza di un boccone, circa 16.

d) Avvolgere le palline nella pancetta. Infornate a 350ø per 25 minuti. Servire caldo.

10. Bocconcini di cavolfiore di bufala

- 1 tazza di farina di mandorle
- 1 cucchiaino di aglio granulato
- 1/ 2 cucchiaini di prezzemolo essiccato
- 1/ 2 cucchiaino di sale
- 1 uovo grande
- 1 cavolfiore a testa grande, tagliato a piccoli fiori
- 1/ 2 tazza di salsa Frank's RedHot
- 1/ 4 tazza di burro chiarificato

1Preriscalda il forno a 400 ° F. Foderare una teglia con carta da forno.

2 Unisci la farina di mandorle, l'aglio, il prezzemolo e il sale in un grande sacchetto di plastica sigillabile e agita per mescolare.

3Sbatti l'uovo in una grande ciotola. Aggiungere il cavolfiore e mescolare per ricoprire completamente.

4 Trasferire il cavolfiore in un sacchetto pieno di miscela di farina di mandorle e mescolare per ricoprire.

5 Disporre il cavolfiore in un unico strato sulla teglia e infornare per 30 minuti o fino a quando non si sarà ammorbidito e leggermente dorato.

6 Mentre il cavolfiore sta cuocendo, unisci la salsa piccante e il burro chiarificato in una piccola casseruola a fuoco basso.

7 Quando il cavolfiore è cotto, unisci il cavolfiore con il composto di salsa piccante in una grande ciotola e mescola per ricoprire.

11. Mini Churros Al Cioccolato E Peperoncino

ingredienti

Churros:

- 1 tazza d'acqua
- 1/2 tazza di olio di cocco o burro vegano
- 1 tazza di farina
- 1/4 cucchiaino di sale
- 3 uova sbattute
- Miscela di zucchero alla cannella
- 1/2 tazza di zucchero 1 cucchiaio di cannella

Indicazioni:

a) Preriscaldare il forno a 400. Unire acqua, olio di cocco / burro e sale in una pentola e portare a ebollizione.

b) Incorporare la farina, mescolando velocemente fino a quando il composto si trasforma in una palla.

c) Incorporare lentamente le uova un po 'alla volta, mescolando continuamente per assicurarsi che non si mescolino.

d) Lascia raffreddare leggermente la pastella, quindi trasferiscila nella sac à poche.

e) Pipa churros lunghi 3 pollici in file sulla tua teglia unta.

f) Cuocere in forno per 10 minuti a 400 gradi e poi cuocere a fuoco vivo per 1-2 minuti fino a quando i churros non saranno dorati.

g) Nel frattempo, mescolate insieme la cannella e lo zucchero in un piattino.

h) Una volta che i churros sono fuori dal forno, arrotolali nella miscela di cannella e zucchero fino a quando non sono completamente ricoperti. Mettere da parte.

12. Bouillabaisse morde

Ingrediente

- 24 mezzi Gamberetti - pelati e
- Deveined
- 24 mezzi Capesante
- 2 tazze Salsa di pomodoro
- 1 lattina Vongole tritate (6-1 / 2 oz)
- 1 cucchiaio Pernod
- 20 Millilitri

- 1 foglia d'alloro
- 1 cucchiaino Basilico
- ½ cucchiaino Sale*
- ½ cucchiaino Pepe macinato fresco
- Aglio, tritato
- Zafferano

a) Spiedini di gamberi e capesante su spiedini di bambù da 8 pollici, usando 1 gambero e 1 capesante per spiedino; avvolgere la coda di gamberetti attorno alla capesante.

b) Mescolare la salsa di pomodoro, le vongole, il Pernod, l'aglio, la foglia di alloro, il basilico, il sale, il pepe e lo zafferano insieme in una casseruola. Portare la miscela a ge Disporre il pesce allo spiedo in una teglia bassa.

c) Condire la salsa sugli spiedini. Infornare, scoperto, a 350 gradi per 25 minuti. Per 24

COPPE DA PARTE

13. Coppe di cavolfiore

- 11/2 tazze di riso al cavolfiore
- 1/ 4 tazza di cipolla a dadini
- 1/ 2 tazza di formaggio pepper jack grattugiato
- 1/ 2 cucchiaino di origano essiccato
- 1/ 2 cucchiaini di basilico essiccato
- 1/ 2 cucchiaino di sale
- 1 uovo grande, leggermente sbattuto

1 Preriscalda il forno a 350 ° F.

2 Unisci tutti gli ingredienti in una grande ciotola e mescola per incorporarli.

3 Versare il composto nei pozzetti di una teglia per mini muffin e imballare leggermente.

4Cuocere per 30 minuti o finché le tazze non iniziano a diventare croccanti. Lasciar raffreddare leggermente e togliere dalla teglia.

14. Tazze di formaggio e Mac

ingredienti

- 8 once di maccheroni al gomito
- 2 cucchiai di burro salato
- 1/4 cucchiaino di paprika (usa la paprika affumicata se ce l'hai)
- 2 cucchiai di farina
- 1/2 tazza di latte intero
- 8 once di formaggio cheddar affilato grattugiato
- erba cipollina tritata o scalogno per guarnire
- burro per ungere la teglia

Indicazioni:

a) Ungere molto bene una teglia antiaderente: mini muffin con burro o antiaderente: spray da cucina. Preriscalda il forno a 400 gradi F.

b) Portare a ebollizione una pentola di acqua salata a fuoco vivace, quindi cuocere la pasta per 2 minuti in meno rispetto a quanto indicato sulla confezione.

c) Sciogliere il burro e aggiungere la paprika. Aggiungere la farina e mescolare il composto per 2 minuti. Mentre sbatti, aggiungi il latte.

d) Togliete la pentola dal fuoco e unite i formaggi e la pasta scolata, mescolando il tutto fino a quando il formaggio e il sugo non saranno ben distribuiti.

e) Porziona il tuo mac e formaggio negli stampini per muffin, con un cucchiaio o una paletta per biscotti da 3 cucchiai.

f) Cuoci le coppette per mac e formaggio per 15 minuti, fino a quando non ribolliscono e diventano appiccicose.

15. Tazze di quiche alla bolognese

Ingrediente

- 12 Fette di mortadella
- 2 Uova
- ½ tazza Preparato per biscotti
- ½ tazza Formaggio piccante sminuzzato
- ¼ di tazza Gusto dolce di sottaceti
- 1 tazza Latte

a) Mettere le fette di mortadella in stampini da muffin leggermente unti per formare delle coppe.

b) Mescola gli ingredienti rimanenti. Versare nelle coppe alla mortadella.

c) Infornare a (400 ° F) per 20-25 minuti o finché non saranno dorati.

16. **Muffin tazza di prosciutto**

- 1 fetta di prosciutto (circa 1/2 oncia)
- 1 tuorlo d'uovo medio
- 3 cucchiai di Brie a dadini
- 2 cucchiai di mozzarella a dadini
- 3 cucchiai di parmigiano grattugiato

1Preriscalda il forno a 350 ° F. Estrarre una teglia da muffin con pozzetti circa $2^1/_2$"largo e $1^1/_2$" in profondità.

2Piegare a metà la fetta di prosciutto in modo che diventi quasi quadrata. Mettilo bene nella teglia per muffin per foderarlo completamente.

3 Mettere il tuorlo d'uovo nella tazza del prosciutto.

4 Aggiungere delicatamente i formaggi sopra il tuorlo d'uovo senza romperlo.

5 Cuocere per circa 12 minuti fino a quando il tuorlo è cotto e caldo ma ancora liquido.

6 Lasciate raffreddare 10 minuti prima di togliere dalla teglia da muffin.

17. Coppe di cavoletti di Bruxelles

Ingrediente

- 12 cavolini di Bruxelles medi
- 6 once   Yukon Gold patate
- 2 cucchiai di latte scremato
- 1 cucchiaio di olio d'oliva
- $\frac{1}{8}$ cucchiaino di sale
- 2 once   Trota affumicata, spellata

- 1 peperone rosso arrosto, tagliato a strisce di 2 pollici per 1/8 di pollice

a) Preriscalda il forno a 350

b) Tagliare i gambi, tagliarli a metà nel senso della lunghezza, rimuovere il torsolo lasciando coppe di foglie verde più scuro.

c) Cuocere a vapore le coppette con germogli per 6 minuti o finché non sono tenere quando vengono forate con un coltello affilato e sono ancora di un verde brillante.

d) Scolare a testa in giù su carta assorbente. Cuocere le patate finché sono teneri, scolarle, aggiungere il latte, l'olio d'oliva e il sale.

e) Batti fino a che liscio. Incorporare delicatamente la trota. + $\frac{1}{4}$> cucchiaio nei gusci e adagiarvi sopra le strisce di pepe.

18. **Coppe di indivia**

- 1 uovo sodo grande, sbucciato
- 2 cucchiai di tonno in scatola in olio d'oliva, scolati
- 2 cucchiai di polpa di avocado
- 1 cucchiaino di succo di lime fresco
- 1 cucchiaio di maionese
- 1/ 8 cucchiaino di sale marino
- 1/ 8 cucchiaini di pepe nero
- 4 foglie di indivia belga, lavate e asciugate

1 In un piccolo robot da cucina, mescola tutti gli ingredienti tranne l'indivia fino a quando non sono ben amalgamati.

2 Versare 1 cucchiaio di miscela di tonno su ciascuna tazza di indivia.

3 Servite subito.

19. Tazze di taco

- Peperoncino in polvere, cumino, paprika
- Sale, pepe nero
- 1/ 4 cucchiaini di origano essiccato
- 1/ 4 cucchiaini di peperoncino tritato
- 1/ 4 cucchiaini di aglio granulato
- 1/ 4 cucchiaini di cipolla granulata
- 1 libbra di carne macinata magra al 75%

- 8 (1 oncia) fette di formaggio Cheddar affilato
- 1/ 2 tazza di salsa senza zuccheri aggiunti
- 1/ 4 tazza di coriandolo tritato
- 3 cucchiai di salsa RedHot di Frank

1Preriscalda il forno a 375 ° F. Foderare una teglia con carta da forno.

2Unisci le spezie in una piccola ciotola e mescola per mescolare. Cuocere la carne macinata in una padella media a fuoco medio-alto. Quando la carne è quasi cotta, aggiungi la miscela di spezie e mescola per ricoprire completamente. Togliere dal fuoco e mettere da parte.

3Disporre le fette di formaggio Cheddar su una teglia foderata. Cuocere in forno preriscaldato 5 minuti o fino a quando iniziano a dorare. Lasciar raffreddare 3 minuti e poi sbucciare dalla teglia e trasferire ogni fetta nella cavità di uno stampo per muffin, formando una tazza. Lasciar raffreddare.

4Versare la stessa quantità di carne in ogni tazza e aggiungere 1 cucchiaio di salsa. Cospargere di coriandolo e salsa piccante.

20. Tazze di prosciutto e formaggio

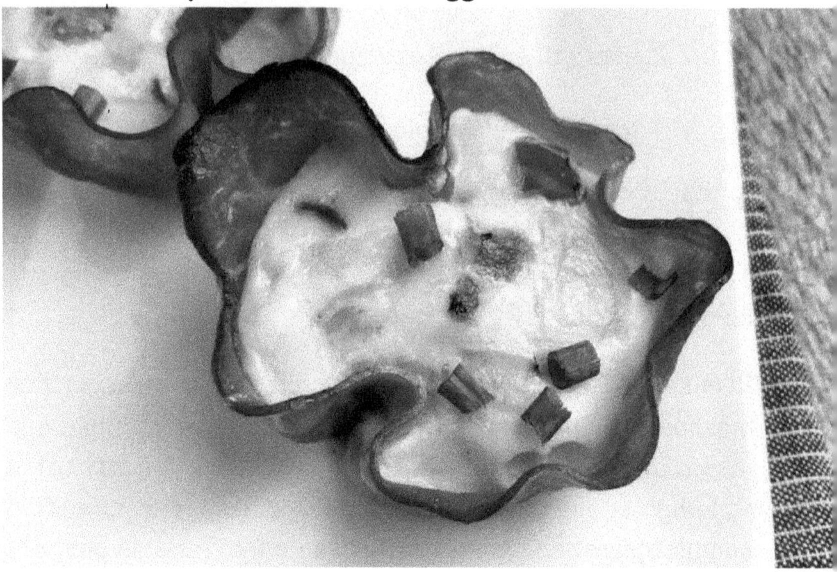

Ingrediente

- 2 tazze di farina per tutti gli usi
- $\frac{1}{4}$ di tazza di zucchero
- 2 cucchiaini di lievito in polvere
- 1 cucchiaino di sale
- $\frac{1}{4}$ di cucchiaino di pepe
- 6 Uova
- 1 tazza di latte

- $\frac{1}{2}$ libbre   Prosciutto cotto completamente; a cubetti
- $\frac{1}{2}$ libbre   Formaggio cheddar; tagliato a dadini o sminuzzato
- $\frac{1}{2}$ libbre   Pancetta affettata; cotto e sbriciolato
- 1 cipolla piccola; tritato

a) Nella ciotola unire la farina, lo zucchero, il lievito, il sale e il pepe. Sbattere le uova e il latte; mescolare gli ingredienti secchi fino a quando non sono ben miscelati. Mescolare prosciutto, formaggio, pancetta e cipolla.

b) Riempi per tre quarti le tazze per muffin ben unte.

c) Infornate a 350 ° per 45 minuti. Lasciar raffreddare per 10 minuti prima di trasferirli su una gratella.

CRUDITI

21. Crudites con gusto

Ingrediente

- 2 cucchiaini di olio d'oliva
- 1 tazza di cipolla tritata finemente
- 1 cucchiaio di aglio tritato
- 1 tazza di pomodori schiacciati in scatola
- 1 cucchiaino di succo di limone fresco
- $\frac{1}{4}$ di tazza di pomodori secchi
- $\frac{1}{4}$ di tazza di olive verdi denocciolate; (circa 10)

- $\frac{1}{4}$ di tazza (confezionata) di foglie di basilico fresco
- 4 grandi Cuori di carciofi in scatola sgocciolati
- 2 cucchiaiPrezzemolo fresco tritato
- 2 cucchiaiPinoli tostati
- Verdure assortite

a) Scaldare l'olio in una padella antiaderente media: padella a fuoco medio. Aggiungere la cipolla e rosolare finché non inizia ad ammorbidirsi, circa 3 minuti. Aggiungi l'aglio; soffriggere 30 secondi. Mescolare i pomodori in scatola e il succo di limone. Porta a cuocere a fuoco lento. Togliere dal fuoco.

b) Unire i pomodori essiccati al sole e i prossimi 5 ingredienti nel robot da cucina. Utilizzando i turni on / off, frullare fino a quando le verdure non saranno tritate finemente. Trasferisci in una ciotola media. Mescolare la miscela di pomodoro. Condire con sale e pepe.

22. Crudite verdi e bianche

Ingrediente

- ½ tazza di yogurt bianco
- ½ tazza di panna acida
- ½ tazza di maionese
- 1 ½ cucchiaino di aceto di vino bianco; o da gustare
- 1 ½ cucchiaino di senape a grana grossa
- 1 spicchio d'aglio grande; tritato e schiacciato
- 1 cucchiaino di semi di anice; schiacciato
- 2 cucchiaini Pernod; o da gustare

- 1 cucchiaio e mezzo di foglie di dragoncello tritate
- 12 tazze di crudité assortiti

a) In una ciotola sbatti insieme tutti gli ingredienti tranne le erbe aromatiche con sale e pepe a piacere. Chill dip, coperto, almeno 4 ore e fino a 4 giorni. Poco prima di servire incorporare dragoncello e cerfoglio.

b) Disporre le crudité in modo decorativo su un piatto da portata a strati o in un cesto capiente e servire con salsa.

23. Crudite di cavolo rapa

Ingrediente

- $\frac{1}{2}$ tazza di salsa di soia; leggero
- $\frac{1}{2}$ tazza di aceto di riso
- 1 cucchiaino di semi di sesamo; tostato
- 1 cucchiaio di scalogno; tritato
- 4 tazze di fette di cavolo rapa; tagliato a pezzi

a) Unisci salsa di soia, aceto, semi di sesamo e scalogno.

b) Servire in una ciotola circondato da pezzi di cavolo rapa. Fornire scelte per mangiare.

24. Remoulade con crudité di verdure

Ingrediente

- $\frac{1}{2}$ tazza di senape creola o marrone
- $\frac{1}{2}$ tazza di olio per insalata
- $\frac{1}{4}$ di tazza Catsup
- $\frac{1}{4}$ di tazza di aceto di sidro

- $\frac{1}{4}$ di cucchiaino di salsa Tabasco
- 2 cucchiai di sedano tritato finemente
- 2 cucchiai di cipolla tritata finemente
- 2 cucchiai di pepe verde tritato finemente
- pomodori ciliegini
- fette di funghi
- Fette di cetriolo
- Fette di sedano
- Fette di carote

a) Unire senape, olio, ketchup, aceto, tabasco e verdure tritate; coprire e raffreddare.

b) Servire in salsa con verdure intere e affettate.

25. Crudite scheletrica

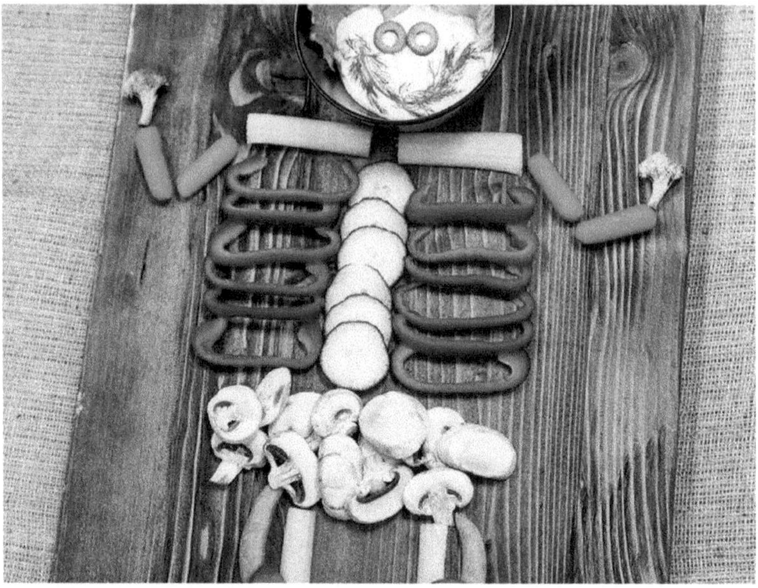

Ingrediente

- 3 tazze di yogurt magro
- 1 tazza di maionese
- ½ tazza di marmellata di pesche
- 1 cucchiaino di succo d'arancia
- ½ cucchiaino di curry in polvere
- ½ cucchiaino di pepe.

Ingredienti scheletro

- 1 zucchina tagliata a metà nel senso della lunghezza

- 1 zucca gialla tagliata a metà
- 6 coste di sedano tagliate a metà nel senso della lunghezza
- 1 cetriolo tagliato a spicchi
- 1 carota tagliata a bastoncini
- 10 barrette di carota baby
- 1 peperone rosso tagliato in strisce spesse 2 pollici
- 1 peperone giallo tagliato a strisce spesse 2 pollici
- 2 cimette di brocolli / 2 cimette di cavolfiore
- 10 taccole / 2 pomodorini
- 2 funghi / 1 ravanello
- 4 fagiolini / 2 fagioli gialli

a) Mescolare 3 tazze di yogurt magro, 1 tazza di maionese, $\frac{1}{2}$ tazza di marmellata di pesche, 1 cucchiaino di succo d'arancia, $\frac{1}{2}$ cucchiaino di curry in polvere e $\frac{1}{2}$ cucchiaino di pepe in una ciotola grande quanto un teschio o una testa di lattuga scolata. Refrigerare.

b) Assembla lo scheletro

26. Crudite invernale piccante

Ingrediente

- 1 Cipolla rossa; pelati a fette
- 1 Pepe verde; seminate e tagliate
- 1 Peperone rosso o giallo; seminate e tagliate
- 1 Rapa; pelati e sottilmente
- 2 tazze di cimette di cavolfiore
- 2 tazze di cimette di broccoli
- 1 tazza di carote baby; tagliato
- $\frac{1}{2}$ tazza di ravanelli tagliati a fettine sottili

- 2 cucchiai di sale
- 1 $\frac{1}{2}$ tazza di olio d'oliva
- 1 Cipolla gialla; pelati e finemente; tritato
- $\frac{1}{8}$ cucchiaino di Zafferano in fili
- Un pizzico di curcuma, cumino macinato, pepe nero, paprika, pepe di Caienna, sale

a) Mettere le verdure preparate in una ciotola capiente, cospargerle con i 2 cucchiai di sale e aggiungere l'acqua fredda.

b) Il giorno successivo, scolare e sciacquare le verdure. Preparare la marinata facendo bollire la cipolla, le spezie e il sale nell'olio d'oliva per 10 minuti.

c) Distribuire le verdure in un piatto da 9 x 13 pollici. Versaci sopra la marinata calda.

d) Trasferire in una ciotola decorativa per servire, freddo oa temperatura ambiente.

27. Piatto di crudites tricolore

Ingrediente

- $\frac{1}{4}$ di tazza Plus 1T di aceto di vino rosso
- 3 cucchiai di senape di Digione
- $\frac{1}{2}$ tazza più 2 cucchiai di olio d'oliva
- 2 cucchiai di basilico fresco tritato OPPURE
- 2 cucchiaini di basilico essiccato
- 2 cucchiai di erba cipollina fresca tritata o
- Cipolle verdi

- 1 cucchiaino di rosmarino fresco tritato
- 2 Cetrioli grandi, pelati,
- 2 cucchiaini di sale
- 2 Grandi barbabietole crude, pelate, grattugiate
- 2 Carote grandi, sbucciate, grattugiate
- 2 Zucchine grandi, grattugiate
- 1 Ravanelli a grappolo, tagliati

a) Sbatti l'aceto e la senape di Digione per amalgamarli in una piccola ciotola. Mescolare gradualmente in olio d'oliva. Mescolare basilico, erba cipollina e rosmarino. Condire con sale e pepe.

b) Mescola i cetrioli e 2 cucchiaini di sale nella ciotola. Lasciar riposare 1 ora. Risciacquare e scolare bene. Metti i cetrioli in una piccola ciotola; aggiungere abbastanza condimento per ricoprire.

c) Mettere barbabietole, carote e zucchine in ciotole separate. Condisci ogni verdura con abbastanza condimento da ricoprire.

28. Tumulo di verdure sul piatto

Ingrediente

- 1 tazza di mais in scatola, scolata
- 1 cipolla verde piccola, tritata
- 1 Pepe verde, tritato
- 1 Spicchio d'aglio, tritato
- 1 pomodoro grande, tritato
- $\frac{1}{4}$ di tazza di prezzemolo fresco tritato
- $\frac{1}{4}$ di tazza di olio extravergine di oliva
- 2 cucchiaiAceto balsamico

- Sale pepe
- 1 scalogno, tritato

a) Mescolare il mais con cipolla, peperone verde, aglio e pomodoro. In una piccola ciotola o tazza separata, mescola olio d'oliva e aceto.

b) Versare sopra la verdura, condire con il prezzemolo; Condire con sale e pepe. Guarnire ogni porzione con lo scalogno.

29. Salsa di rangoon di granchio

- 1 confezione di formaggio cremoso (8 once), ammorbidito a temperatura ambiente
- 2 cucchiai di maionese all'olio d'oliva
- 1 cucchiaio di succo di limone appena spremuto
- 1/ 2 cucchiaino di sale marino
- 1/ 4 cucchiaini di pepe nero
- 2 spicchi d'aglio, tritati

- 2 cipolle verdi medie, tagliate a dadini
- 1/ 2 tazza di parmigiano grattugiato
- 4 once (circa 1/2 tazza) di polpa di granchio bianca in scatola

a) Preriscalda il forno a 350 ° F.
b) In una ciotola media, mescola la crema di formaggio, la maionese, il succo di limone, il sale e il pepe con un frullatore a immersione fino a quando non sono ben incorporati.
c) Aggiungere l'aglio, le cipolle, il parmigiano e la polpa di granchio e mescolare con una spatola.
d) Trasferire il composto in un tegame adatto al forno e distribuirlo uniformemente.
e) Cuocere per 30-35 minuti fino a quando la parte superiore della salsa è leggermente dorata. Servire caldo.

30. Guacamole al formaggio di capra

Porzioni: 4-6

ingredienti

- 2 avocado
- 3 once di formaggio di capra
- la scorza di 2 lime
- succo di limone da 2 lime
- $\frac{3}{4}$ cucchiaino di aglio in polvere
- $\frac{3}{4}$ cucchiaino di cipolla in polvere
- $\frac{1}{2}$ cucchiaino di sale
- $\frac{1}{4}$ di cucchiaino di fiocchi di peperone rosso (facoltativo)
- $\frac{1}{4}$ cucchiaino di pepe

Indicazioni:

a) Aggiungi gli avocado a un robot da cucina e frulla fino a che liscio. Aggiungere il resto degli ingredienti e frullare fino a incorporarli.

b) Servire con patatine.

31. Tuffo / diffusione della festa bavarese

Resa: 1 1/4 libbra

Ingrediente

- ½ tazza Cipolle, tritate
- 1 libbra Il marchio bavarese di Kahn Braunschweiger
- 3 once Crema di formaggio
- ¼ cucchiaino Pepe nero

a) Soffriggere le cipolle 8-10 minuti, mescolando spesso; togliere dal fuoco e scolare. Rimuovere il budello dal Braunschweiger Brand Bavarese di Kahn e mescolare la carne con la crema di formaggio fino a che liscio. Mescolare le cipolle e il pepe.

b) Servire come fegato da spalmare su cracker, segale da festa a fette sottili o servire come salsa accompagnata da una varietà di verdure fresche crude come carote, sedano, broccoli, ravanelli, cavolfiori o pomodorini.

32. Salsa di carciofi al forno

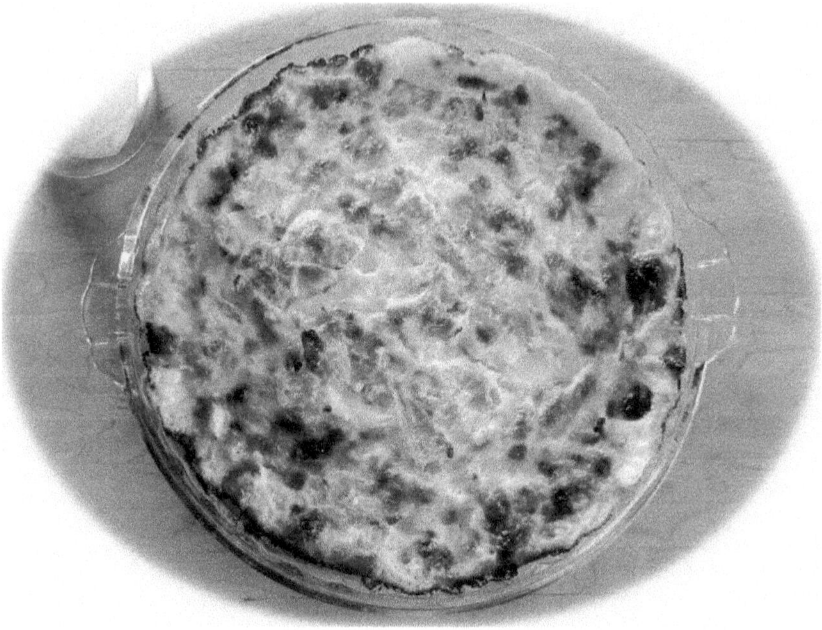

Ingrediente

- 1 Pagnotta di pane di segale scuro grande
- 2 cucchiaiBurro
- 1 mazzo Cipolle verdi; tritato
- 6 Spicchi d'aglio fresco; tritato finemente, fino a 8
- 8 once Crema di formaggio; a temp.
- 16 once di panna acida
- 12 once di formaggio cheddar grattugiato

- 1 barattolo (14 oz.) Di cuori di carciofi; scolate e tagliate in quarti (confezionate in acqua non marinate)

a) Taglia un buco nella parte superiore della pagnotta di circa 5 pollici di diametro. Rimuovere il pane morbido dalla porzione tagliata e scartare. Riservare la crosta per preparare la pagnotta.

b) Raccogli la maggior parte della parte interna morbida della pagnotta e conservala per altri scopi, come il ripieno o il pangrattato essiccato. Nel burro,

c) Soffriggi le cipolle verdi e l'aglio finché le cipolle non appassiscono. Tagliare la crema di formaggio a pezzetti, aggiungere le cipolle, l'aglio, la panna acida e il formaggio cheddar. Mescolare bene. Incorporare i cuori di carciofo, fuori tutto questo composto nel pane scavato. Mettere la parte superiore sul pane e avvolgere in uno spessore di due fogli di carta stagnola resistente. Cuocere in forno a 350 gradi per 1 ora e mezza.

d) Quando è pronto, rimuovere la pellicola e servire, usando il pane di segale cocktail per intingere la salsa.

33. Salsa per ali di pollo

- 1 confezione di crema di formaggio (8 once)
- 1/ 2 tazza di salsa rovente di Frank
- 1/ 4 tazza di latte di cocco intero in scatola
- 11/2 tazze di pollo cotto sminuzzato
- 3/ 4 tazza di mozzarella grattugiata, divisa
- 1/ 2 tazza di formaggio blu si sbriciola

1 Aggiungere la crema di formaggio a una casseruola media e scaldare a fuoco medio-basso fino a quando non si scioglie. Mescolare la salsa piccante e il latte di cocco.

2 Quando è combinato, aggiungi il pollo fino a quando non sarà ben caldo.

3 Togliere dal fuoco e incorporare 1/2 tazza di mozzarella e formaggio blu sbriciolato.

4 Trasferire in una pirofila da 20 × 20 cm e cospargere la rimanente mozzarella. Cuocere per 15 minuti o fino a quando il formaggio è spumeggiante. Servire caldo.

34. Pizza dip

- 1 confezione di formaggio cremoso (8 once), ammorbidito
- $^{1}/$ 2 tazza di yogurt greco naturale
- 1 cucchiaino di origano essiccato
- $^{1}/$ 4 cucchiaini di basilico essiccato

- $^{1}/ 2$ cucchiaino di cipolla granulata
- $^{1}/ 2$ cucchiaino di aglio granulato
- $^{3}/ 4$ tazza di salsa per pizza senza zuccheri aggiunti
- $^{1}/ 2$ tazza di mozzarella grattugiata
- $^{1}/ 4$ cucchiaini di sale
- $^{1}/ 4$ cucchiaini di pepe nero

1 Preriscalda il forno a 350 ° F.

2Unisci la crema di formaggio, lo yogurt, l'origano, il basilico, la cipolla e l'aglio in una ciotola media e mescola con un mixer a mano fino a quando non sono ben combinati. Distribuire il composto sul fondo di una teglia da 20 x 20 cm.

3 Distribuire la salsa per pizza sopra la miscela di crema di formaggio, cospargere di mozzarella e condire con sale e pepe.

4Infornare coperto per 15 minuti. Rimuovere la copertura e cuocere per altri 10 minuti o fino a quando il formaggio non è dorato e frizzante.

35. Ranch tuffo

- 1 tazza di maionese
- 1/ 2 tazza di yogurt greco naturale
- 11/2 cucchiaini di erba cipollina essiccata
- 11/2 cucchiaini di prezzemolo essiccato
- 11/2 cucchiaini di aneto essiccato
- 3/ 4 cucchiaini di aglio granulato
- 3/ 4 cucchiaini di cipolla granulata

- 1/ 2 cucchiaino di sale
- 1/ 4 cucchiaini di pepe nero

1 Unisci tutti gli ingredienti in una piccola ciotola.

2 Lasciar riposare in frigorifero 30 minuti prima di servire.

36. Gamberetti piccanti e salsa di formaggio

- 2 fette di pancetta senza zuccheri aggiunti
- 2 cipolle gialle medie, sbucciate e tagliate a cubetti
- 2 spicchi d'aglio, tritati
- 1 tazza di gamberetti popcorn (non impanati), cotti
- 1 pomodoro medio, tagliato a dadini
- 3 tazze di formaggio Monterey Jack sminuzzato
- $^{1}/4$ cucchiaini di salsa Frank's RedHot
- $^{1}/4$ cucchiaini di pepe di Caienna

- 1/ 4 cucchiaini di pepe nero

1Cuocere la pancetta in una padella media a fuoco medio fino a renderla croccante, circa 5-10 minuti. Tenere il grasso in padella. Adagiare la pancetta su un tovagliolo di carta a raffreddare. Quando è freddo, sbriciolate la pancetta con le dita.

2 Aggiungere la cipolla e l'aglio alla pancetta sgocciolata nella padella e rosolare a fuoco medio-basso finché non saranno morbidi e fragranti, circa 10 minuti.

3Unisci tutti gli ingredienti in una pentola a cottura lenta; mescolare bene. Cuocere coperto a fuoco basso 1-2 ore o fino a quando il formaggio è completamente sciolto.

37. Salsa all'aglio e pancetta

- 8 fette di pancetta senza zuccheri aggiunti
- 2 tazze di spinaci tritati
- 1 confezione di formaggio cremoso (8 once), ammorbidito
- $^{1}/ 4$ tazza di panna acida intera
- $^{1}/ 4$ tazza di yogurt greco intero normale
- 2 cucchiai di prezzemolo fresco tritato

- 1 cucchiaio di succo di limone
- 6 spicchi d'aglio arrostiti, schiacciati
- 1 cucchiaino di sale
- 1/ 2 cucchiaini di pepe nero
- 1/ 2 tazza di parmigiano grattugiato

1 Preriscalda il forno a 350 ° F.

2Cuocere la pancetta in una padella media a fuoco medio fino a renderla croccante. Rimuovere la pancetta dalla padella e metterla da parte su un piatto rivestito con carta assorbente.

3Aggiungere gli spinaci nella padella calda e cuocere fino a quando sono appassiti. Togliere dal fuoco e mettere da parte.

4 In una ciotola media, aggiungere la crema di formaggio, la panna acida, lo yogurt, il prezzemolo, il succo di limone, l'aglio, il sale e il pepe e sbattere con un mixer a mano fino a quando non sono ben amalgamati.

5Tritate grossolanamente la pancetta e incorporatela al composto di crema di formaggio. Mescolare gli spinaci e il parmigiano.

6 Trasferire in una teglia da 8 "× 8" e cuocere per 30 minuti o fino a quando è caldo e spumeggiante.

38. Salsa cremosa al pesto di formaggio di capra

INGREDIENTI

- 2 tazze di foglie di basilico fresche confezionate
- ½ tazza di parmigiano grattugiato
- 8 once di formaggio di capra
- 1-2 cucchiaini di aglio tritato
- ½ cucchiaino di sale
- ½ tazza di olio d'oliva

Indicazioni:

a) Mescolare basilico, formaggi, aglio e sale in un robot da cucina o un frullatore fino a che liscio. Aggiungere l'olio d'oliva a filo e mescolare fino a quando combinato.

b) Servire subito o conservare in frigorifero.

39. Pizza calda Super tuffo

Ingredienti:

- Formaggio Cremoso Ammorbidito
- Maionese
- Formaggio mozzarella
- Basilico
- Origano
- Polvere d'aglio
- Peperoni
- Olive nere
- Peperoni Verdi

Indicazioni::

a) Mescolare la crema di formaggio ammorbidita, la maionese e un po 'di mozzarella. Aggiungere una spolverata di basilico, origano, prezzemolo e aglio in polvere, mescolare fino a quando non sarà ben amalgamato.

b) Riempilo nel tuo piatto fondo e stendilo in uno strato uniforme.

c) Spalma sopra la salsa per pizza e aggiungi i condimenti che preferisci. Per questo esempio, aggiungeremo mozzarella, peperoni, olive nere e peperoni verdi. Infornate a 350 per 20 minuti.

40. Salsa di spinaci e carciofi al forno

ingredienti

- 400 g di cuori di carciofi non marinati, scolati e tritati grossolanamente
- 10 once di spinaci tritati congelati scongelati
- 1 tazza di maionese reale di HELLMANN ps la ricetta originale richiede maionese leggera per ridurre le calorie
- 1 tazza di parmigiano grattugiato
- 1 spicchio d'aglio pressato

Indicazioni:

a) Scongelare gli spinaci surgelati quindi strizzarli con le mani.

b) Mescolare: carciofi scolati e tritati, spinaci strizzati, 1 tazza di maionese, 3/4 tazza di parmigiano, 1 spicchio d'aglio schiacciato e trasferire in una casseruola da 1 litro o in una tortiera. Cospargere con il restante 1/4 di tazza di parmigiano.

c) Cuocere senza coperchio per 25 minuti a 350 ° F o fino a quando non viene riscaldato. Servi con i tuoi crostini, patatine o cracker preferiti.

41. Pancetta E Formaggio Di Capra Pops

INGREDIENTI

- 8 fette di pancetta, cotte fino a renderle croccanti
- 4 once di formaggio di capra
- 4 once di crema di formaggio (non montata!)
- 1 cucchiaino di miele
- 1 cucchiaino di timo
- 2 cucchiai di prezzemolo tritato finemente
- 1/2 cucchiaino di pepe appena spezzato
- 20 chips di mele al forno (dovrai usare 2 mele)

Indicazioni:

a) Picchietta ogni pezzo di pancetta cotta con carta assorbente per rimuovere l'unto. Tritate finemente la pancetta e mettetela in una piccola ciotola. Aggiungere il timo, il prezzemolo e il pepe fresco spezzettato e mescolare per amalgamare. Mettere da parte.

b) In una ciotola media aggiungere il formaggio di capra, la crema di formaggio e il miele. Usando una forchetta o un cucchiaio di legno mescolare fino a quando ben combinato.

c) Arrotolare il composto di formaggio di capra in palline delle dimensioni di un pollice. Arrotolare ciascuna di queste palline nella miscela di pancetta. Mettere da parte su una teglia. Conserva le palline, coperte con un pezzo di pellicola di saran, nel tuo frigorifero fino al momento di servire.

d) Metti 1 pallina di formaggio di capra sopra ogni fetta di mela cotta. Inserisci un bastoncino di lecca-lecca nella parte superiore di ogni pallina di formaggio di capra

42. Ghiaccioli alla vaniglia e cocco

- 2 tazze di crema di cocco non zuccherata, raffreddata
- $^{1}/ 4$ tazza di cocco grattugiato non zuccherato
- 1 cucchiaino di estratto di vaniglia
- $^{1}/ 4$ tazza di eritritolo o Swerve granulare

1 Mettere tutti gli ingredienti in un frullatore e frullare fino a quando non saranno completamente amalgamati, circa 30 secondi.

2 Versare la miscela in 8 stampini per ghiaccioli, picchiettando per rimuovere le bolle d'aria.

3 Congelare almeno 8 ore o durante la notte.

4Rimuovere i ghiaccioli dagli stampi. Se i ghiaccioli sono difficili da rimuovere, fai scorrere brevemente gli stampi sotto l'acqua calda e i ghiaccioli si stacceranno.

43. Ghiaccioli caramellati congelati

Ingrediente

- 1 confezione (3 3/4 oz) fondente al cioccolato
- Budino e ripieno di torta.
- 2 cucchiaizucchero
- 3 tazze Latte

a) Unisci la miscela per budino, lo zucchero e il latte in una casseruola. Cuocere a fuoco medio, mescolando continuamente, fino a quando il composto non arriva a ebollizione completa. Togliete dal fuoco e lasciate raffreddare 5 min. mescolando due volte. Mettere in freezer circa 30 minuti per far raffreddare e addensare. Versare il composto nei 10 bicchieri di carta da tre once e inserire un bastoncino di legno per ghiaccioli o un cucchiaio di plastica in ogni tazza. Copri ogni tazza con un foglio di alluminio dopo aver tagliato un piccolo foro abbastanza grande da far passare il manico del cucchiaio o del bastone.

b) La pellicola aiuta a posizionare i bastoncini in posizione verticale e impedisce ai ghiaccioli di disidratarsi. Congelare fino a quando non si rassoda. Taglia i bicchieri di carta prima di servire

44. Ghiaccioli al mirtillo rosso arancione

Ingrediente

- 1 (6 once) può concentrato di succo d'arancia congelato, ammorbidito
- O wuse succo d'uva, succo di mirtillo rosso
- 1 (6 once) può annaffiare
- 1 pinta Gelato alla vaniglia, ammorbidito, o 2 contenitori di
- Yogurt bianco
- bastoncino del ghiacciolo
- Coppe

a) Whir in un frullatore. Versare negli stampini, inserire i bastoncini e congelare.

45. Ghiaccioli polinesiani

- 1 tazza di latte scremato
- 1 busta di gelatina non aromatizzata
- $\frac{1}{2}$ tazza di miele o zucchero
- 1 albume d'uovo
- $1\frac{1}{4}$ tazze di nettare di albicocca o succo di ananas in scatola
- bastoncini e tazze di ghiaccioli

a) Versare il latte nel frullatore e aggiungere la gelatina. Lasciate ammorbidire per un minuto prima di aggiungere il resto degli ingredienti da montare.
b) Versare negli stampini, inserire i bastoncini e congelare.

46. Peach Whip Cream CREAMSICLES

- 1 (6 oz) può pesche sciroppate o 2 pesche fresche mature, affettate e snocciolate
- 1 tazza di panna
- 1 cucchiaino di zucchero o miele (facoltativo)
- bastoncini e tazze di ghiaccioli

a) Montare la panna in un frullatore per 30-45 secondi. Aggiungi le pesche e il miele.
b) Whir fino a che liscio. Versare negli stampini, inserire i bastoncini e congelare.

47. Cioccolatini

- 1 (8 oz) contenitore di yogurt bianco
- 2 cucchiai di cacao o carruba in polvere
- 2 cucchiai di zucchero di canna o miele
- bastoncini e tazze di ghiaccioli

a) Fluidifica in un frullatore, versa negli stampini, inserisci i bastoncini di ghiacciolo e congela.

48. Coni di neve in vetro

a) Congelare il succo d'arancia (o qualsiasi altro succo aromatizzato) in vaschette per cubetti di ghiaccio, cubetti di succo congelati Pop in un sacchetto di plastica per conservarli.

b) Metti da tre a sei di questi cubetti alla volta in un frullatore.

c) Accendi e spegni il frullatore finché i cubetti non raggiungono la consistenza nevosa. Mettili in una tazza per servire.

d) L'intero lotto miscelato in una volta manterrà la sua consistenza carnevalesca conservato in un contenitore nel congelatore. I bambini possono servirsi da soli.

e) Aggiungendo un po 'd'acqua diventa una "granita". Anche i bambini a cui non interessa il succo d'arancia piace in questo modo.

49. Ghiaccioli all'anguria

- 1 tazza di cocomero senza semi
- 1 tazza di succo d'arancia
- 1 tazza di ghiaccioli d'acqua
- bastoncini e tazze

a) Frullare questi ingredienti in un frullatore, versarli negli stampini, inserire i bastoncini e congelare.
b) Servire

50. Ghiaccioli Matcha

- 2 tazze di crema di cocco non zuccherata, raffreddata
- 2 cucchiai di olio di cocco
- 1 cucchiaino di matcha
- 1/ 4 tazza di eritritolo o Swerve granulare

1 Mettere tutti gli ingredienti in un frullatore e frullare fino a quando non saranno completamente amalgamati, circa 30 secondi.

2 Versare la miscela in 8 stampini per ghiaccioli, picchiettando per rimuovere le bolle d'aria.

3 Congelare almeno 8 ore o durante la notte.

4Rimuovere i ghiaccioli dagli stampi. Se i ghiaccioli sono difficili da rimuovere, fai scorrere brevemente gli stampi sotto l'acqua calda e i ghiaccioli si stacceranno.

CONCLUSIONE

Grazie per essere arrivato a questo punto.

Le possibilità sono infinite. Ci sono così tanti diversi tipi di antipasti finger food che puoi servire prima di cena!

Se non hai il tempo o la larghezza di banda per assemblare 60 mini cursori, non farlo! Se non puoi permetterti le chele di granchio, scegli qualcosa che sia poco costoso e conveniente!

Se i tuoi ospiti sono cheto, GF, vegetariani, vegani o hanno altre allergie, potresti voler servire antipasti che spuntano in sicurezza tutte le caselle OPPURE avere alcune varietà diverse per ogni ospite di cui essere soddisfatto.

Lightning Source UK Ltd.
Milton Keynes UK
UKHW020635140621
385477UK00005B/113